De plomo y pólvora
Poesía de una mente bipolar

Of Lead and Gunpowder
Poetry of a Bipolar Mind

MUSEO SALVAJE
Colección de poesía
Homenaje a Olga Orozco

Homage to Olga Orozco
Poetry Collection
WILD MUSEUM

Jacqueline Loweree

DE PLOMO Y PÓLVORA
POESÍA DE UNA MENTE BIPOLAR

OF LEAD AND GUNPOWDER
POETRY OF A BIPOLAR MIND

Nueva York Poetry Press LLC
128 Madison Avenue, Office 2RN
New York, NY 10016, USA
+1(929)354-7778
nuevayork.poetrypress@gmail.com
www.nuevayorkpoetrypress.com

De plomo y pólvora
Poesía de una mente bipolar
Of Lead and Gunpowder
Poetry of a Bipolar Mind

© 2024 Jacqueline Loweree

© Blurb:
Pedro Larrea

ISBN-13: 978-1-958001-10-3

© Editor:
Francisco Trejo

© *Poetry Collection*
Wild Museum 62
(Homage to Olga Orozco)

© Publisher & Editor-in-Chief:
Marisa Russo

© Editor:
Francisco Trejo

© Layout Designer:
Moctezuma Rodríguez

© Cover Designer:
William Velásquez-Vásquez

© Cover Photograph:
Magali Agnello

Loweree, Jacqueline
De plomo y pólvora. Poesía de una mente bipolar / Of Lead and Gunpowder. Poetry of a Bipolar Mind /
Jacqueline Loweree. 1ª ed. New York: Nueva York Poetry Press, 2024; 1 p.; 6"x 9".

1. Mexican Poetry 2. Hispanic American Poetry

All rights reserved. No part of this publication may be reproduced, distributed, or transmitted in any form or by any means, including photocopying, recording or other electronic or mechanical methods, without the prior written permission of the publisher, except in the case of brief quotations embodied in critical reviews and certain other non-commercial uses permitted by copyright law. For permissions contact the publisher at: nuevayork.poetrypress@gmail.com

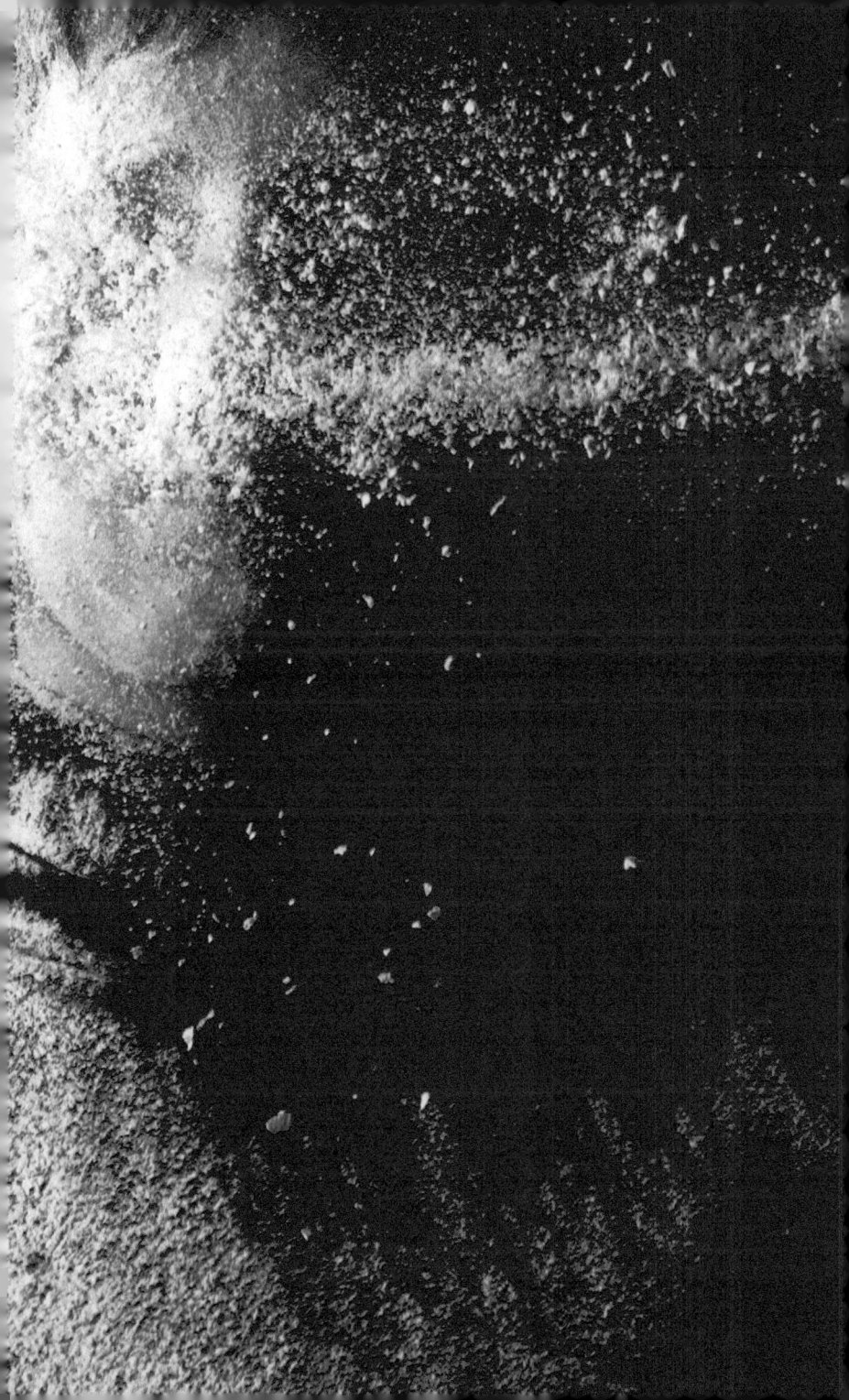

Para Luz que nos la arrebataron
y a Miguel, su hermano, que ha vivido
el infierno de perderla.

To Luz who was snatched from us
and to Miguel, her brother, who has lived
the hell of having lost her.

La mezcla del plomo y la pólvora

En el subterráneo de un tren neoyorquino se escucha el ligero clic de un gatillo. Por un instante, todo brilla. Se dispara el consuelo de un pobre diablo. Al descargar las gotas ruborosas de su pesar sobre el olvido del concreto, tiembla con duda su dedo por última vez sobre el gatillo. Pero ese consecuente sosiego, ese disparo, fue un impulso premeditado durante muchas noches invernales. Nadie, salvo el cadáver del pobre diablo, muere. Tras aquel acontecimiento, salen a olisquear las ratas de sus escondites con tremenda curiosidad, quizá las únicas en ese subterráneo que logran oler la despedida.

Los otros cuerpos se mantienen intactos, bultos de huesos y de muslos que pasean por el andén de la desgracia sin darse cuenta de lo ocurrido. Se marchan en el tren que anuncia su llegada con el alarido de sus ruedas, oxidadas ya por la inercia de tanto kilometraje. Millones recorren las entrañas de la ciudad a ciegas sin escuchar la suplica del vagabundo, el llanto de la enamorada y el adiós del pobre diablo. Nadie dentro de las vísceras de ese infierno, salvo la muerte, sonríe.

Así como recorren los pasajeros con tanta apatía, también transcurren los días. Pero siempre llega el tiempo cuando esos días se deslizan gradual o repentinamente al precipicio, como lo hizo el pobre diablo del gatillo. La desgracia funciona en paradoja. Puede ser como el plomo, lenta y metódica abrazando al abismo conspicuamente, hasta que un día decida inyectarte la muerte. También, puede ser como la pólvora, explosiva y audaz que con la voracidad de la fuerza imponente te tumba, sin aviso ni delicadeza, del abismo. Venga como venga, lo que sí es seguro es que jamás viene acompañada. La desgracia te vuelve invisible y te sopla el hielo de la soledad. Si te visita, prepara una jarra con café, será una noche larga.

Los dedos de esta poeta, como lo hacen los del pobre diablo del gatillo, también le tiemblan con duda al presionar cada tecla de su laptop. Es en el olvido de estas páginas, que va descargando sus pesares, dejando correr su sangre con cada verso. La poesía de este compendio está hecha de plomo y de pólvora y ha sido escrita durante momentos de desgracia y de ira. De desesperación y de orfandad. Ha sido un alivio lento, pero toxico, y a la vez explosivo y visceral. Ha sido el rayo de luz que alumbra tras el disparo. Ha sido el disparo. Ha sido la bala. Ha sido el cartucho. Ha sido la mezcla del plomo y la pólvora.

THE COMBINATION OF LEAD AND GUNPOWDER

In the underground of some New York City train, the subtle click of a trigger can be perceived. For an instant, everything shines. The solace of a poor devil is shattered. As the crimson drops of his sorrow flee onto the oblivion of the concrete, his finger trembles for the last time with doubt over that trigger. But that subsequent stillness, that shot, was a premeditated impulse during his many sleepless winter nights. No one, except the poor devil's corpse, dies. Curious, the rats emerge from their hiding places to sniff, perhaps the only ones in that underground to smell that goodbye.

The other bodies remain intact, bundles of bones and muscles that stroll along the platform of misfortune unaware of what has happened. They leave on the train that announces its arrival through the screech of its wheels, already rusted by the inertia of the many miles traveled. Millions commute through the City's bowels blindly, deaf to the beggar's plea, the lover's cry, or the farewell of the poor devil. No one inside the guts of that hell, except death, smiles.

Just as the passengers commute in such apathy, so do the days pass. But there always comes a time when those days slide gradually or suddenly into the precipice, as the poor devil of the trigger did. Misfortune works in paradox. It can be like lead, slow and methodical embracing the abyss conspicuously, until one day it decides to inject you with death. It can also be like gunpowder, explosive and bold, knocking you down with the voracity of imposing force, without warning or delicacy, to the abyss. However it comes, what is certain is that it never comes accompanied. Misfortune makes you invisible and blows the icy wind of loneliness at you. If it visits you, prepare a pot of coffee, it will be a long night.

The fingers of this poet, like those of the poor devil of the trigger, also tremble with doubt as she presses each key on her laptop. It is in the oblivion of these pages, that she unloads her sorrows, letting her blood flow with each verse. The poetry in this compendium is made of lead and gunpowder and has been written during moments of misfortune and wrath. Of despair and orphanhood. It has been a slow, but toxic relief, and all the while one that has been explosive and visceral. It has been the ray of light that shines after the shot. It has been the shot. It has been the cartridge. It has been the bullet. It has been the combination of lead and gunpowder.

Me amamantaste
    a fuego lento
    y cuando
    finalmente sentí
    el ardor de mi
    ruina,
ya era muy tarde.

You nursed me
    in low heat
    and when
I finally felt
    the simmer of
    my ruin,
it was already too late.

LIMINAL

Estoy atorada en la interferencia
entre el camino a la libertad
y el encadenamiento de su recorrido,
entre la fe que depara cada mañana
y el existencialismo de domingo,
entre el pavor al silencio
y el aturdimiento del ruido,
entre lo impasible del desvelo
y el huracán del despertar,
entre la cordillera de edificios
y los callejones del campo,
entre los nidos de cucarachas
y los capullos de mariposas,
entre la aptitud de los versos
y la astucia crítica del lector,
entre lo amargo del saber
y lo dulce del engaño,
entre lo cálido de su regazo
y el hielo de sus labios,
entre quererlo
y no querer quererlo,
entre la espada
y la pared,
entre la pared
y el salto.

Liminal

I am caught in the interference
between the path to freedom
and the chains of its journey,
between the hope that rises with the sun
and the existentialism of a Sunday,
between the dread of silence
and the deafening noise,
between the impassiveness of insomnia
and the hurricane of awakening,
between the mountain range of buildings
and the alleys of the countryside,
between the nests of cockroaches
and the cocoons of butterflies,
between the aptitude of verses
and the critical cunning of the reader,
between the bitterness of knowledge
and the sweetness of deception,
between the warmth of his embrace
and the frostbite of his lips,
between wanting him
and not wanting to want him,
between the sword
and the wall,
between the wall
and the leap.

... entre quererlo
y no querer quererlo...

… between wanting him
and not wanting to want him…

Amores dignos de luto

De aquí me marcho
de esta sombra, de esta luz
ardiente y envilecida por la certeza
que depara cada mañana
en este cautiverio.

No hay, ni hubo, ni habrá
amores dignos de luto,
       de días sin sol,
de azares que se despliegan
por los campos de gardenias podridas,
campos inundados durante el alba
y desérticos durante el atardecer
prematuro de los pétalos.

Con el trajín de lo ajeno,
       nadie se acuerda
de regar las flores muertas,
cuyas espinas se desbaratan
tan sólo con el brote ligero
de tus dedos.

       Nunca fui
la venganza de tu segundo aliento,
la succión para tus labios,
la almohada en tu mejilla,
las palabras dichas en miradas.

WORTHY OF MOURNING

From here I depart
from this shadow, from this light
burning and debased by the certainty
that awaits every morning
in this captivity.

There are no, there were none, there will be no
loves worthy of mourning,
        of days without sun,
of luck unfolding
across fields of rotten gardenias,
fields flooded during the dawn
and deserted during the premature
evening of the petals.

With the hustle of all that is foreign,
        no one remembers
to water the dead flowers,
whose thorns dissolve
only with the gentle sprout
of your fingers.

        I never was
    the vengeance of your second wind,
the suction for your lips,
the pillow on your cheek,
the words spoken in glances.

Por mí no velaste el altar de la luna,
por mí tus ojos jamás conocieron el llanto,
ni tus entrañas el hambre de acariciarme
hasta saciarte.

Apabullada en mi vacío,
enloquecida
tras la potente contracorriente
que fue la epifanía de conocer
        lo que tú ya sabías.

Hoy triunfa la carencia de tus besos,
la compañía de tu indiferencia,
y ya después de tanto rechazo,
me doy cuenta de que, de aquí,
de esta sombra y esta luz,
        no me marcho.

    La soledad es un lujo
para el que ya no me alcanza.

Qué derroche fueron los años,
persiguiendo el fantasma de tus promesas,
siempre sedienta y alucinando
la fuente del ocaso a tu lado.

Aquí, los llanos de nuestra eutimia
son efímeros y sus lagunas mentiras
donde se escucha el oleaje de la tierra,

You did not for me guard the moon's altar,
for me, your eyes never knew tears,
nor did your insides hunger to caress me
                  until satiated.

Overwhelmed in my hollowness,
sucked into madness by the potent riptide,
or the epiphany of coming to know
what you already knew.

Today the absence of
           your affections triumphs,
the company of your indifference,
and now after so much rejection,
I realize that from here,
from this shadow and this light,
                I cannot depart.

Solitude is a luxury
that I can no longer afford.

Oh, the squandered years,
pursuing the ghost of your promises,
always parched and hallucinating
for a fountain of a sunset by your side.

Here, the plains of our euthymia
are ephemeral and their lagoons a deceit
where one hears the waves of the earth,

el eterno vacío de su desnudez
y el rayo que quema el rostro
acuñado por el residuo de lágrimas viejas.

Aquí, los muertos se disecan,
y no hacen falta las camillas,
ni las salas de espera,
ni los obituarios en algún periódico.

Se me avecina el cadáver
de una vida que construí
        en pleno vuelo,
el putrefacto olor a lo que algún día
fue la fragancia de mis desvelos
trazando tus ojos con el recuerdo.

De este difunto,
ya hasta los gusanos
se comen entre ellos.

De este difunto,
no hay, ni hubo, ni habrá
un amor digno de luto.

the eternal emptiness of its nakedness
and the lightning that sears the face
forged by the residue of old tears.

Here, the dead are left to dry,
and there is no need for stretchers,
nor waiting rooms,
nor obituaries in any newspaper.

The corpse looms over me
of a life I built
       in mid-flight,
the putrid odor of what once was
the fragrance of my sleeplessness,
of tracing your eyes from memory.

From this corpse,
even the worms now
devour each other.

From this corpse,
there is no, there was no,
there will be no
love worthy of mourning.

El buen café, editado

(Primera edición)
El buen café es como
los días lejos de ti,
amargos y oscuros.

(Segunda edición)
El buen café es como
los días ~~lejos de ti~~ contigo,
amargos y oscuros.

GOOD COFFEE, EDITED

(First edition)
Good coffee is like
the days without you,
bitter and dark.

(Second edition)
Good coffee is like
the days ~~without~~ you,
bitter and dark.

LECHE, SIN UBRE

Me tropecé de
        trompa
en el vaivén
        de tus brazos,
        de piedra, de ceniza
y de vez en cuando
        de leche,
        aquella grasosa y pura
como si fuera bendita.

Me amamantaste
        a fuego lento
y cuando
finalmente sentí
        el ardor de mi
        ruina,
ya era muy tarde.

¿Para qué pedir
        beber
cuando la ubre hinchada
        fue sólo
el anhelo
        del potrillo
en un desierto?

MILK, WITHOUT AN UDDER

I stumbled
      headlong
in the sway
      of your arms,
         made of stone, of ash
and from time to time
      of milk,
         the kind that is
         greasy and pure
as if it were divine.

You nursed me
      in low heat
and when
I finally felt
      the simmer of
      my ruin,
it was already too late.

What's the use of asking
         to drink
when the swollen udder
      was only
the longing
      of the foal
in a desert?

¿Para qué mendigar
            migajas
cuando el pan
        se desmoronó
frente a la penuria
de los cuervos?

Mi piel de seda,
tus dedos,
        las espinas.

Mi sangre de leña,
tus labios,
        el cerillo.

Te aborrezco tanto
        como te amé
en la
penumbra
        de mi engaño,
antes de que te marcharas
        pero sin salir
                de casa.

What's the use of begging
>	for crumbs
when the bread
>	fell apart
in the dearth
of the crows?

My skin of silk,
your fingers,
>	the thorns.

My blood of firewood,
your fingers,
>	the match.

I loathe you as much
>	as I loved you
in the
twilight
>	of my deceit,
before you parted
>	without ever setting
>	>	a foot outside.

LABIOS DE VIDRIO

Lápidas obsoletas
        tendidas bajo el tiempo.
Como plaga sobre los testamentos
 se apilan los metros
        de mala hierba,
              abandono
      que nunca muere.
Ya ni los nombres
de sus difuntos,
       pobres diablos,
            se distinguen,
son el compost del que nada brota,
      salvo gusanos.
Me besaste con
       tus labios de vidrio,
            y tras la masacre
enterré los míos
       en ese cementerio
       donde el muerto va
             y fallece dos veces,
primero
       por una bala,
            después
       por el descuido.

GLASS LIPS

Obsolete tombstones
        spread beneath time.
Like a plague upon the testaments,
meters of weeds pile,
        abandonment
                that never dies.
Not even the names
of their deceased,
        poor devils,
                are distinguishable,
        they are but the compost
from which nothing sprouts,
        except worms.
You kissed me with
        your glass lips,
        and after the massacre
I buried mine
        in that cemetery
        where the dead man goes
                and dies twice,
first
        from a bullet,
                then
        from neglect.

PEONÍAS Y LA CIUDAD

Cuando el sol
      se difumina
durante la víspera del sosiego,
un delicado resplandor
de ámbar incandescente
se infiltra a través de las fisuras
      de las ventanas;
la ciudad debajo se desnuda
tras el golpe fugaz de la luz
y cada historia, en ese umbral,
se ve iluminada,
su intimidad expuesta
para todo aquel que
no sólo elija mirar sino ver.
Pero adentro,
una escena distinta se despliega
mostrando como las peonías
      sobre el armario lloran
porque en el fulgor del día, florecen
sangrando una guinda intensidad,
pero en la oscuridad pierden su lustre
      y se marchitan.

PEONIES AND THE CITY

When the sun
       fades into recess
during the eve of stillness,
a delicate glow
of incandescent amber
seeps through the cracks
       of the windows;
the city below undresses
after the fleeting strike of radiance
and each story, in that threshold,
is illuminated,
its intimacy exposed
to anyone who
not only chooses to look
            but to see.
But inside,
a different story unfolds
showing how the peonies
       on the dresser weep
because in the brightness of day
they bloom
bleeding an intense crimson,
but in the darkness,
       they lose their luster
            and wither.

UNA MESA AUSTERA

Sobre la mesa, la llave del encierro
se pierde taciturna sobre pálido.

Una carta de tres palabras,
Tómate tus pastillas, tendida enseguida
y la impresión de un círculo café,
o la huella de una taza sin portavaso,
        revela la indiferencia.

        Me pregunto,
¿Qué más da que se arruine la mesa?

Una mesa donde ya no hay cena,
ni charlas, ni risas, ni confidencias.

Una mesa austera, una mesa recuerdo,
testigo de las noches en vela
y las incalculables tazas sin lavar.

No se bebe alcohol sobre esa mesa,
tanto es el ahogo etéreo que se recorre
el calvario de la desdicha sólo de rodillas
para eludir el hachazo de la nostalgia.

A Modest Table

On the table, the key to confinement
is lost taciturn against pale.

A three-word letter,
Take your pills, lays out askew
and the imprint of a brown circle,
or the mark of a cup without a coaster,
       signals the indifference.

       I wonder,
What does it matter if the table is ruined?

A table where there are no longer dinners,
nor conversations, nor laughter, nor confidences.

A modest table, a table of memory,
witness to the sleepless nights
and countless unwashed cups.

One does not drink on that table,
so great is the ethereal drowning that one
traverses the calvary of misery with our knees
to elude the headlong blow of nostalgia.

No se come sobre esa mesa,
porque el hambre es una prófuga
huyendo misteriosamente cuando
el estómago se retuerce en nudos.

Pero lo que no hay
sobre la mesa
      es el ímpetu
para coger la llave y salir
de este encierro,
      este delirio,
           este tormento.

One does not eat at that table,
because hunger is a fugitive
fleeing mysteriously when
the stomach twists in knots.
But what is not there
on the table
       is the drive
to grab the key and leave
this confinement,
       this delirium,
              this torment.

Amor de doble filo

Me tengo que desenamorar de ti
    para que no me sigas doliendo.

Me escudaré con una malla tejida de teflón
    para que tus latigazos
        no tajen mi piel de seda.

Encenderé la vela
    para derretir la cera en mis oídos
        y no escuchar lo que escupe
            tu boca metralleta.

Beberé antiveneno
    para no morir de los insultos
        que me inyectas cuando
        la ira te convierte en serpiente.

Te tengo que soltar
    para que los ladrillos de tu desprecio
        no machaquen mi última llama.

Me tengo que alejar de ti
    para que tu aliento de dragón
        no incinere mis cimientos.

DOUBLE-EDGED LOVE

I must unlove you
      so you do not hurt me anymore.

I will shield myself with a mesh woven from Teflon
      so your lashes
           don't cut through my silk skin.

I will light the candle
      to melt its wax in my ears
           and no longer hear what
           your machine gun mouth spits.

I will drink the antivenom
      so I do not die from the insults
           you inject me when
           rage transforms you into a serpent.

I must let you go
      so the bricks of your scorn
           do not crush my last flame.

I must distance myself from you
      so your dragon's breath
           does not incinerate my footing.

Me sembraré bajo un globo de cristal
para que el hielo de tu mirada
no desprenda mis pétalos.

Cargaré con una cantina de agua
        para que en el desierto
        de tu remordimiento
                no me evapore de sed.

Y en ese desierto,
        sepultaré la cruz,
hundiré la luz del amanecer,
        quemaré las promesas,
vaciaré las mariposas,
        arrancaré las flores,
romperé los dientes,
        cortaré los dedos,
coceré mi sexo…

… porque la única forma de quererte
        es detrás de un muro blindado
            para no enterrarme
                tu amor de doble filo
                      en el pecho.

I will plant myself under a glass dome
        so that the ice in your gaze
                does not wilt my petals.

I will carry a canteen of water
        so that in the desert of your remorse
                I will not evaporate from thirst.

And in that desert,
        I will bury the cross,
sink the light of dawn,
        burn the promises,
empty the butterflies,
        pluck the flowers,
break the teeth,
        cut the fingers,
sew my sex...

...because the only way to love you
        is behind a fortified wall
                to prevent you from burying
                your double-edged love
                        in my chest.

SIGILO DE LOS GRILLOS

    Reposa, mente,
            que afuera hay frío
y tiembla el cielo llorando copos de tizne
cubriendo poco a poco la cima de tu abismo,
donde ya nadie puede escuchar tu infierno
bajo esa cúpula polar de lo gris silente.

    Reposa, corazón,
            que afuera hay prisa
y late la penumbra con la ilusión de la vela
que baila al anochecer, cuando las calles
se despejan de bulla y el sigilo de los grillos
célebres te brindan sombra para desgarrarte.

    Reposa, alma,
            que afuera hay vida
y se mancha de sangre con un disparo,
bala de diamante, de carbón, sin lumbre.

PRUDENCE OF THE CRICKETS

    Rest, mind,
        for outside it is chilly
and the sky trembles, weeping flakes of soot,
gradually covering the peak of your abyss,
where not a soul can hear your hell anymore
under that polar dome of silent gray.

    Rest, heart,
        for outside there is haste
and the dusk beats with the illusion of the candle
that dances at nightfall, when the streets
clear of all noise and the prudence of the festive
crickets offer you shade to tear yourself apart.

    Rest, soul,
        for outside there is life
and it is stained with the blood from a gunshot,
bullet of diamond, of coal, without glimmer.

NATURALEZA CÍCLICA DE AMARTE

¿Qué es la ilusión
      sino un amor?

¿Qué es el amor
      sino un apego?

¿Qué es el apego
      sino un dolor?

¿Qué es el dolor
      sino un aprendizaje?

¿Qué es el aprendizaje
      sino un consuelo?

Natural Cycle of Loving You

What is avidity
      if not love?

What is love
      if not attachment?

What is attachment
      if not pain?

What is pain
      if not a lesson?

What is a lesson
      if not solace?

CRUDA DE LA MUJER SOBRIA

Se me revientan las venas,
los ojos, de tanto duelo.

No hay cicatriz que llegue a tiempo,
ni paño que seque el rostro,
tampoco estrella que guíe la noche.

Me manifiesto
contra la ley de tu desamparo
reclamándote piedad mediante
un sólo abrazo.

Nos hizo falta
amamantarnos,
embriagarnos de leche,
lamernos las lágrimas,
acariciarnos las ganas
hasta lograr la ebriedad
de tanto empalago
y no poder más.

Me hizo falta asquearme de ti
durante la cruda, al día siguiente,
para no desear beberte más,
no desear sentir el ardor

HANGOVER OF THE SOBER WOMAN

My veins burst,
my eyes, from such grief.

There is no scar without delay,
no cloth to pat the face,
nor star to shepherd the night.

I revolt against
the law of your desertion
urging for mercy through
only an embrace.

We failed to
nurse each other,
grow inebriated on milk,
lick away the tears,
and caress our desires
until falling ill
of such tenderness
and having to stop.

I needed to be disgusted by you
during the hangover, the next day,
so, I would not want to drink you anymore,
would not want to feel the burning

de tus rechazos deslizarse
por el esófago de mi corazón.

Pero me eres la cruda,
sin la borrachera,
y te vomito en seco porque
ya no hay qué expulsar.

Me eres la cruda
que me deja vacía
sin haberme llenado
de goce y olvido,
al menos por una noche.

of your rejections sliding
down the esophagus of my heart.

But you are the hangover,
without the drinks,
and I dry heave you because
there is nothing left to expel.

You are the hangover
that leaves me empty
without ever having filled me
with bliss and oblivion,
at least for one night.

... entre la espada
y la pared...

… between the sword
and the wall…

DE PLOMO Y PÓLVORA

Roce lánguido sobre la mejilla
sopla fuego en vez de besos.
Plomo que se derrite, débil guerrero
deslustrándose al mirar su reflejo.

El corazón chilla,
envuelto en llamas,
viendo de nuevo como arde
la misericordia de su perdón,
la estatua de su compromiso,
la piel de su rosa inerte,
la afabilidad de su recuerdo.

Sobre el cementerio del amor,
se alimentan los gusanos de ceniza
al llover esos cuerpos incinerados.

Filos de luz perforan las nubes negras
advirtiendo el nuevo latido del volcán;
maldita magma impasible, como la pólvora,
que, con el murmullo de la presión, estalla
una y otra, una y otra, una y otra vez.

Y todo lo que puedo hacer
es contemplar sus ojos impávidos,
ese abismo perpetuo.

OF LEAD AND GUNPOWDER

Languid stroke upon the cheek
that blows fire instead of kisses.
Lead that melts, a feeble warrior
that loses his luster in a mirrored gaze.

The heart howls,
wrapped in flames,
witness to how
the mercy of forgiveness,
the statue of commitment,
the skin of the rose inert,
and the benevolence of memory
all burn, once again.

Over the cemetery of love,
the worms of ash feed
off the rain of those incinerated.

Streaks of light pierce through the black clouds,
warning of the volcano's latest heartbeat;
cursed and impassive magma, like gunpowder,
that with the murmuring of pressure, bursts
once again, once again, once again.

And all I can do is stare into his
unflinching eyes, into his perpetual abyss.

REFLEJOS

Reflejos sobre la arena,
huellas de pies fantasmas
sobre un camino que el mar
en su tétrico vigor de invierno
va borrando con su marea.

Todo, bajo el manto del oleaje,
salvo la luz, desaparece.

REFLECTIONS

Reflections on the sand,
traces of phantom feet
over a path that the sea
in its somber winter vigor
erases with its tide.

Everything, beneath the cloak
of the waves,
except the light, disappears.

¿DE QUÉ VIVEN LOS PERROS OLVIDADOS?

Alguien, maldito, le abrió el portal,
o quizá fue él quien cogió la llave
de su encierro y se escapó.

Lleva tres días suelto, y ellos sin noticia.

Recorre las calles reverberantes,
a merced del resentimiento del sol,
a oscuras bajo el llanto mordaz de la luna.

Hurga desperdicios ya hurgados,
peor que un ávido vagabundo,
para acolchonarse las costillas.

Al pasar le aúllan los fantasmas
mientras olfatea los rastros famélicos
de aquella ciudad cuya esperanza
se ha visto sepultada bajo su ceniza,
la tierra, al igual que su corazón,
se parte endurecida por los años
y la sequía de sus lazos.

Perece de frío y hambre,
de soledad y desamparo.

¿What do Forgotten Dogs Live Off?

Someone cursed unlocked the gate,
or perhaps it was he who grabbed the key
to his confinement and escaped.

Lose for three days, without news.

He wanders the reverberating streets,
at the mercy of the sun's resentment,
at dusk shadowed by the moon's weeping.

He rummages through
already rummaged waste,
worse than an eager vagabond,
all to cushion the bareness of his ribs.

As he passes, the ghosts howl at him
while he sniffs the famished traces
of that city whose hope
has been buried beneath its soot,
the earth, like his heart, cracks
already hardened by the years
and the drought of its bonds.

He perishes from cold and hunger,
from loneliness and abandonment.

Él, un extraño ya al dolor que
borra el calendario y desorienta la brújula,
golpea al viento suplicándole el ocaso
de un último disparo.

Así es como los perros callejeros
mueren solos,
y a sus cuerpos les tiran cal
para que no apesten.

He, already a stranger to the pain that
blurs the calendar and disorients the compass,
strikes at the wind begging it
for the sunset of one final shot.

This is how stray dogs
go off and die alone;
and lime is peppered over their bodies
all to cover up their stench.

Neblina y cuánto querer

La serenata de gallos
emana asiduamente
por el filo roto
de mi ventana
y cuánto pienso hoy,
sobre este despertar,
que la cama me inmoviliza,
y cuánto quiero conocer
el ocio de las mañanas
y rodar por la neblina
de los montes
sin destino, ni noción,
sólo existir sir ir
contra contracorriente,
ni en vano
desacelerando,
con el corazón en la boca,
porque las nubes
impiden la vista;
y cuánto pienso hoy,
sobre este pensamiento,
que la claridad
me agota,
la rutina sin tiempo
me apaga,

MIST AND HOW MUCH TO WANT

The roosters' serenade
emanates assiduously
through the subtle crack
of my window
and how much I ponder today,
during this awakening,
that the bed immobilizes me,
and how much I wish to know
the leisure of mornings
and roll through the mist
of ghostly ridges
without end in sight or notion,
just existing without chartering
against the current,
or in vain
decelerating
on the edge of our seat,
heart pounding,
because the clouds
halt the view;
and how much I think today,
about this thought,
that clarity
exhausts me,
that routine without time
douses me,

y cuánto quiero arrancar
las paredes de este encierro
para respirar de nuevo
sin ahogo, ni peso,
sólo existir sin fingir
estar viva
y mucho menos feliz.

and how much I want to tear down
the walls of this confinement
to breathe again
without suffocation, without burden,
just to exist without pretending
to be alive
and much less happy.

LOS BIPOLARES

Los bipolares se la pasan bailando,
solos, a las cuatro de la mañana
recorriendo calles oscuras.

Quienes los ven gozar les llaman locos
por bailar a música que no escuchan.
Ellos no comprenden que los bipolares
juegan en las selvas mientras ellos,
en sus jardines recortados,
beben té y de bombones se deleitan.

Los bipolares no comen,
tampoco duermen, porque
de palabras, caricias y miradas
se alimentan.

Los bipolares en versos se pierden,
recitando incomprensibles filosofías,
tropezándose con verdades a cada paso.

Después también se convierten
en una confluencia de artísticas sinfonías
citando los acertijos de Aristóteles,
los poemas de Neruda
y las cartas de Van Gogh.

Bipolar People

Bipolar people spend their time dancing,
alone, at four in the morning,
frolicking on dark streets.
Those who see them rejoice call them crazy
to be dancing to music they cannot hear.

They do not understand that bipolar people
play in the jungles while they,
in their trimmed gardens,
drink tea and delight in chocolates.

Bipolar people do not eat,
nor do they sleep, because
they feed off
words, caresses, and gazes.

Bipolar people get lost in verses,
reciting incomprehensible philosophies,
stumbling upon truths at every step.
Then they turn
into a confluence of artistic symphonies
quoting Aristotle's riddles,
Neruda's poems,
and Van Gogh's letters.

Son días verdaderamente poéticos
porque sienten que la emoción,
como el sudor,
les brota por los poros,
drogados con las endorfinas
de sus mentes cautivas.

Abrumados viven
combatiendo la avalancha de pensamientos
que los aplasta en el peso de su hielo,
sofocándolos.

Justamente ahí es cuando empiezan
a perder su vínculo con la realidad.

Después de ahí,
los bipolares no se
hacen responsables porque
dejan de ser ellos.

Columpiándose
en un péndulo polar
oscilan de la dulce manía
a la oscura melancolía
bruscamente, y sin avisar,
ya que todo lo que sube
siempre tiene que bajar.

These are truly poetic days
because they feel that emotion,
like sweat,
sprouts from their pores,
drugged with the endorphins
of their captive minds.

Overwhelmed they live
fighting the avalanche of thoughts
that crushes them with the weight of its ice,
suffocating them.

That is when they begin
to lose their grip with reality.

Afterward,
bipolar people cannot
be made responsible for their actions
because they cease to be themselves.

Swinging
on a polar pendulum they oscillate
from the sweetness of mania
to the darkness of melancholy
abruptly, and without warning,
since everything that ascends
must always descend.

Pero los bipolares no bajan con cuidado.
A los bipolares los empuja el viento
y caen, golpeados, casi muertos.
Navegan solos en la niebla a ciegas,
confundidos, desorientados.

Todo les corre más lento
y andan por las calles llorando,
moribundos, casi paralizados en
fotos de blanco y negro.

Se atascan dentro de la interferencia
de dos canales.
Y con tanto ruido
los oídos se les aturden hasta que
escuchan sólo sonidos amortiguados,
distantes, reprimidos.

Todo, o quizá poco,
lo llevan a cabo con más esfuerzo.
Por eso los bipolares
le pierden la esperanza a la vida.

Les desvanece el sentido.
La fuerza, les resta vencida.

Los bipolares viven
en el perpetuo miedo de ser felices;
la felicidad los desgasta.

But bipolar people do not descend with caution.
Bipolar people are pushed by the wind
and they fall, beaten, almost dead.
They sail alone in the fog blindly,
confused, disoriented.

Everything runs slower
and they wander the streets crying,
dying, almost paralyzed in
black and white photos.

They get stuck in the interference
of two channels.
And with so much noise
their ears are stunned until
they hear only muffled sounds,
distant, repressed.

They carry everything out
with more effort.
That is why bipolar people
lose their willingness to live.

Their sense vanishes.
Their strength remains defeated.

Bipolar people live
in the perpetual fear of being happy;
happiness wears them down.

Ellos deben de conformarse a lo gris y
de la mediocridad tienen que sobrevivir,
aunque el litio opaque sus sentidos y los deje
huecos, insatisfechos, socavados
fantasmeando en cuentos sin resolución
hospedándose sin ningún anfitrión y
acostándose, amándose sin culminación.

Los bipolares viven
en el perpetuo miedo de crecer alas
y volar, volar, volar hasta llegar al sol
el cual, en su calor,
les derrite sus alas de cera
arrojándolos, como a Ícaro
lo dejó morir.

Ícaro, quien en su delirio vivió
pero como los bipolares sufrió
la consecuencia de llegar a ver al sol.

They must conform to the gray and
of mediocrity must survive,
even if lithium blurs their senses
and spits them out
hollow, dissatisfied, meandering
like ghosts in stories without end,
seeking shelter without roof, and
making love without culmination.

Bipolar people live
in the perpetual fear to grow wings
and fly, fly, fly until they reach the sun
which, in its heat, will melt their wings
and toss them in the sky,
as it did with Icarus and left him to die.

Icarus, who in his delirium lived
but, as bipolar people do, suffered
the consequence of reaching the sun.

JAULA DE ORO

La aguda indiferencia neoyorquina resalta
sobre el andén subterráneo del tren.
Sus puertas se abren, sacos salen, entran
las miradas ajenas de espectros andantes,
perdidas furtivamente en el monocromático
ritmo de la absurda prisa, un desconsuelo
divino, el eterno encierro en la jaula
de oro, de rascacielos y de una promesa.

Stand clear of the closing doors please.

GOLDEN CAGE

The sharp New York indifference looms
over the underground platform of the train.
Its doors open, bags of bones and flesh exit,
the foreign gazes of walking specters enter,
all furtively lost in the monochromatic
rhythm of absurd haste, a divine sorrow,
the eternal confinement in the cage
of gold, of skyscrapers, and of a promise.

Stand clear of the closing doors please.

FEMINICIDIOS IMPUNES

Sufren ante
los gestos amanerados
                de la impunidad.
Retumba
el sonido de la piel de gallina
           y la suplica prescindible.
Patea
ella en su fosa clandestina
              ya sin sonreír más.
Se retuerce
el eco de su memoria enterrada
              más no cicatrizada.
Se alza
la marea de la impotencia
           y se convierte en tsunami.
Deambula
el sabor a la sangrienta venganza
              por paladares hastiados.
Resucita
la luna del aborrecimiento
           sombreando la piedad,
                iluminando el juicio.
Solloza
la misericordia atada de manos,
              con un pañuelo en la boca.

FEMICIDES' IMPUNITY

They suffer from
        the pretentious gestures
            of impunity
The ringing of goosebumps
and the superfluous plea
            rumble.
She kicks
        in her clandestine grave,
no longer able to smile.
The echo of buried
yet unhealed memory
            writhes.
The tide of impotence
           rises
       and turns into a tsunami.
The taste of crimson vengeance
           meanders
             through jaded palates.
The moon of loathing resurrects,
          casting shadows over mercy,
            illuminating judgment.
Mercy now handcuffed
            sobs,
        with a handkerchief
        stuffed
in her mouth.

Muere el perdón
        cuando se entierra a otra mujer
            y cuando a lo lejos
se escucha el llanto, de un pueblo en duelo,
        de una recién nacida
              llamada Justicia.

Forgiveness dies
        when another woman is buried
            and when in the distance
a cry is heard, from an entire people,
    of a newborn
        named Justice.

El lamento de la nómada

Ni es de aquí
ni de allá,
una eterna
vagabunda
desolada
en su desarraigo,
así como
lo canta la guitarrista,
así como
lo escribe la poeta,
así como
lo lamenta la nómada
cuando se va,
una vez más,
y deja a la vez
su alma anclada
en el lejano mar
de la nostalgia.

Nomad's Mourning

She is neither
from here
nor there,
an eternal
wanderer
feeling desolate
in her rootlessness
just as
the guitarist feels
when she sings,
the poet feels
when she writes,
and the nomad feels
when she departs
and leaves her soul,
once again,
anchored
in the distant sea
of nostalgia.

AL OCASO

        La lluvia se acumula
                sobre las hojas

        como lágrimas suspendidas
en el vientre de un amanecer,
acariciando cada pétalo,
        cada vena
                con delicada destreza;

        como el retrato de la silente lucha
que depara cada despertar,
        cada suspiro de alivio;

        como todo lo que desvanece,
al igual que la tristeza que se evapora
        al atardecer,
        al ocaso de un
                comienzo

                      lejos de ti.

AT THE ONSET

      The rain accumulates
               on the leaves

      like suspended tears
in the womb of dawn,
caressing each petal,
      each vein
           with delicate skill;

      like the portrait of the silent struggle
that awaits each awakening,
      every sigh of relief;

      like everything that fades away,
just like the sadness that evaporates
      at dusk,
           at the onset of a
               beginning

                     far away from you.

Experimentando sonder

      Hay luz y calle
fuera y entre el laberinto
y el olvido de edificios.

      Hay guerra y lucha
dentro y entre las ventanas
y la promesa de nuestro hospicio.

Experimenting Sonder

    There is light and street
outside and within the maze
and the oblivion of buildings.

    There is war and struggle
inside and between the windows
and the promise of our hospice.

... entre la pared
y el salto.

... between the wall
and the leap.

EL CUERVO DE TUS OJOS

Me visita
el cuervo de tus ojos
por la ventana,
         sentado,
observando sigilosamente
sobre una rama de un árbol
        deshojado.

No te mueves,
        sólo juzgas
con el látigo de tu desprecio.

Encajas tu mirada
en mi vientre
        y apuñalas.

No te mueves,
pero dentro de mí
        todo se revuelca
en mareas de sangre;
        ríos de color púrpura
corren por mis piernas,
        pintando la obra
de la escena del crimen,
        el bodegón del miedo.

THE RAVEN OF YOUR EYES

    Visits me
through the window,
            perched,
silently observing
paralyzed on the branch
        of a leafless tree.

    You do not flinch,
(not once),
            you simply judge
with the sharp whip of your disdain.

    You lock your gaze
on my womb
        and stab.

    You do not flinch,
(not once),
but inside me
        everything churns
in tides of blood;
        rivers of purple
run down my legs,
            painting the canvas
of the crime scene,
        the still life of fear.

No te mueves,
y ahora me pregunto
                    si veo
espectros con tranchetes.

Mi mente opaca de dolor,
                y agonizo
tanto en el vientre
        como en el corazón.

No te mueves,
y recuerdo la pintura de Goya,
la macabra escena
                de las tres brujas
tajando con destreza un hilo
        con la tijera
                de la muerte.

Por eso me visita
el cuervo de tus ojos
por la ventana
        para decirme adiós…
para darme la despedida
sin haber
        sido nunca bienvenido
a este mundo.

You do not flinch,
(not once),
and now I wonder
     if I see
phantoms with machetes.

My mind clouded with pain,
    as I agonize
both in the womb
  and in the heart.

You do not flinch,
(not once),
and I recall Goya's painting,
the macabre scene
  of the three witches
skillfully lacerating a thread
  with the scissors
    of death.

That is why
  the raven of your eyes
visits me through
the window
  to bid me farewell...
but without ever
  having been welcomed
to this world.

VENGANZA OLOR A CHILE TOSTADO

La mano crepita sobre el fuego
y de cada burbuja que explota
se libera, como si fuera pus,
        el placer de la venganza.

Se derrite la piel sobre el engaño,
él suplica, en alaridos, piedad
pero ya es muy tarde para el perdón.

Bajo la sombra plácida de la farola
se pueden apreciar unos dientes teñidos,
sonriendo.

Los alaridos
                mantienen su insistencia.

Huele a podrido, a carne, a ceniza,
a chile, en forma de mano, tostado.

VENGEANCE SMELLS LIKE TOASTED CHILE

The hand crackles over the fire
and from every bubble that bursts
the pleasure of revenge is released,
        as if it were pus.

The skin melts over the deceit,
and he begs, waling, for mercy
but it is already too late for forgiveness.

Under the placid shadow of the streetlight
you can make out a set of stained teeth,
smiling.

His bellows
                maintain their insistence.

It smells of decay, of flesh, of ash,
of a toasted chile, shaped like a hand.

Contemplar el precipicio

Delante transpira el eco
        y retumba
en aguda frecuencia
        retando al escucha
a acercarse hacia la orilla
        que oculta al abismo.

La brisa tienta la marcha,
        pero las piernas
tiemblan con cada paso,
el impulso se estriñe al mirar
        lo que hay por debajo.

Infinito pantano de cuerpos,
cada uno se arroja,
        o quizá lo empujan,
a nadar en la linfática marea
        del desasosiego.

    El oleaje golpea
        los deshechos
y revuelve la sangre del suicida
junto con las almas
        de otros saltantes
haciendo del luto una capirotada,
una mezcolanza
        de perdición.

Contemplating the Precipice

The echo transpires ahead
        and reverberates
in sharp frequency
        challenging the listener
to approach the shore
        that conceals the abyss.

The breeze tempts the promenade,
            but the legs
tremble with each step, and
the impulse is stifled by a glancing blow
        of what lies beneath.

Infinite swamp of bodies,
each one throws themselves,
        or perhaps they are pushed,
to swim in the lymphatic tide
        of unrest.

    The waves crash
            against the rubble
and churn the blood of its victim
along with the souls
        of other jumpers
turning mourning into a stew,
a hodgepodge
        of damnation.

Los niños mueren y a nadie le importa

Se ha despejado el cielo
al sonoro juicio de la pluma,
las nubes púrpuras caen flácidas
sobre la arena de la memoria.

Acecha contundente la ola
arrastrando con ella la sangre
derramada en una batalla ajena,
tragándose en seco la piel
de los mil y un cadáveres
en la cúspide de la inocencia.

De los huesos nace la carne
del amparo inédito, un trapo nuevo
que pretende limpiar con ahínco
el sudor, pudor, valor
de sus frentes para comenzar
una y otra vez más el ciclo
de la muerte prematura.

Se volverá a despejar el cielo
              momentáneamente,
cuando la pluma transforme
la maldición de un pueblo entero
en el evanescente encabezado
de algún noticiero.

CHILDREN DIE AND NO ONE CARES

The sky has cleared
to the pen's sonorous judgment,
the scarlet clouds fall limp
onto the sands of memory.

The wave lurks forcefully,
dragging with it the blood
spilled in a foreign battle,
dry swallowing the skin
of the thousand and one corpses
at the peak of their innocence.

From the bones the flesh is birthed
of unprecedented shelter, a new cloth
that aims to diligently wipe
the sweat, the shame, the valor
from their foreheads to start
once more and once more the cycle
of premature death.

The sky will clear again
                momentarily,
when the pen transforms
the curse of an entire people
into the evanescent headline
of some news program.

Necrofilia infantil

Amenaza nocturna
        que despierta,
               que avanza
bajo el escombro
de un templo joven
y previamente
        ingenuo.

Lejana yace la dicha del olvido
        que tallaría cada mañana,
con tremendo ahínco,
la mancha del trauma infinito.

Pero cerca yace la puerta
        que rechina, que se desliza,
y al abrirse, esa luz tenue del pasillo
ilumina el olor pútrido a alcohol,
aliento fúnebre
        y familiar.

Niña sin rostro,
        niña sin voz,
              niña que muere
todos los días
al sentir la mano de la noche
        sobre su boca, debajo de su bata.

Childhood Necrophilia

Nocturnal threat
>   that awakens,
>   >   creeping
under the rubble
of a young, previously naïve
>   temple.

Distant lies
the delight of oblivion
>   that every morning
>   >   could wash away,
with great diligence,
the stain of the infinite trauma.

But near lies that door
>   that creaks, that slides,
and as it opens the hallway's dim light
illuminates the putrid smell of alcohol,
that funereal and all too familiar
>   breath.

Girl without a face,
>   girl without a voice,
>   >   girl who dies
>   every day
as she feels the night's hand
>   over her mouth, under her gown.

Pedir ayuda

Descalza, saltando en las piedras
del arroyo donde se ahogan
los peces de agua dulce
en la amarga corriente
de lágrimas traicioneras.

Desnuda, ocultando la piel
tras la penumbra del sol confesionario
donde salen a relucir verdades
sepultadas bajo dos metros de lodo.

Desértica, cuando cesan las lluvias
porque ya no hay qué derramar,
y camina uno sobre terreno partido
que advierte el tropiezo entre sus grietas
a cada paso, sin poder gritar,
porque en este baldío nadie te escucha.

Desorientada, bajo los cimientos
de la esperanza persistiendo a gatas,
con las rodillas ensangrentadas.

Ya no se puede seguir
descalza, desnuda,
desértica, desorientada
sin pedir ayuda.

ASKING FOR HELP

Barefoot, skipping the stones
of the stream where
the freshwater fish drown
in the bitter current
of duplicitous tears.

Naked, shrouding the skin
in the penumbra of the confessional sun
where truths, buried beneath
two meters of mud, come to light.

Deserted, when the rains cease
because there is nothing left to shed,
and one walks on fissured grounds
that warn of a fall between their cracks
at every step, all unable to shout,
because in this wasteland
no one can hear you.

Disoriented, under the footing
of hope persisting on all fours,
with bloody knees.

One can no longer go on
barefoot, naked,
deserted, disoriented
without asking for help.

Penitencia del vientre femenino

     La infancia
del diluvio primaveral
resbala por la ventana
llorando a gota lenta;
    la furia
de la amenaza invernal
             ha partido.

    Queda sólo
la huella dentro de la barriga,
el deslumbre de la quimera,
o lo que pudo ser, pero no fue,
la hinchazón de sus pechos
y los piquetes
        sobre las venas.

    Queda sólo
la pulsera hospitalaria
hecha trizas encima de la mesa,
la decepción en su rostro varonil
y el chillido… de la tetera
(para el té)
        a fuego lento.

PENITENCE OF THE FEMALE WOMB

      The infancy
of the spring deluge
slithers down her window
crying steadily (for now);
      the fury
of the winter threat
      has departed.

Only the footprint
inside her belly
      remains,
the dazzle of the chimera,
or what could have been,
      but was not,
the swelling of her breasts,
and the pricks
      on the veins.

Only the hospital bracelet
in threads on the table
      remains,
the disappointment on his face,
and the wailing... of the (tea) kettle
      on low heat.

Su vientre se ha vaciado
        de luz,
y su mente se ha colmado
        de remordimiento;
así yace esa luz en una fosa,
        muerta de cuerpo,
nacida sólo en culpa.

A la distancia los noticieros
relampaguean con los alaridos
de madres que pierden a sus hijos
        acribillados
por la trágica circunstancia
de estar en el lugar equivocado.

Pero en el silencio de las noches,
bajo el manto del anonimato,
se escucha
el falible lamento de una mujer
        en plena penitencia,
derramando tristezas,
pidiendo perdón.

Her womb has emptied
of light, and her mind filled
      with remorse;
and that light lies wounded now
in a pit,
      dead in body,
born only in guilt.

In the distance, the news
flashes with the shrieks
of mothers who lose their children
      riddled with bullets
by the tragic circumstance
of being in the wrong place.

But in the silence of the nights,
under the cloak of anonymity,
one can hear
the fallible rue of a woman
      in full penitence,
shedding sorrows,
asking for forgiveness.

Soga invernal

Llueve ligeramente
      en Nueva York
alumbrando la cercanía
de la oscuridad
de días que se resbalan
      hacia la noche,
anudando la soga invernal
sobre el cuello.

WINTER ROPE

It rains lightly
      in New York,
illuminating the closeness
of the darkness
of days slipping
      toward the night,
tying the winter rope
around the neck.

Esta noche de guerra, un niño

Esta noche
se arrulla el niño contando bombas
que estallan sobre su almohada
como si fueran ovejas
saltando campos no verdes fogosos
sino aquellos en escombros,

y pestañea entre sueños,
    mientras
el cielo relampaguea veneno
y su tierra sangra ríos.

Esta noche
se arrullan sus padres trazando
sobre el lienzo de su desgracia
palmeras y sol,
contando segundos que pesan
a eterno,

y pestañean entre rezos
         (y bostezos)
   mientras
los noticieros escupen veneno
y su fe sangra vacía.

Esta noche de guerra,
qué noche tan noche.

This Night of War, a Child

This night
a child lulls himself to sleep
counting bombs
that fulminate above his pillow,
as if they were sheep
leaping not over fiery green fields
but those shattered in debris,

and he bats his eyes amid dreams,
    while
the sky flares in blinding venom
and his earth bleeds rivers.

This night
his parents lull themselves to ease
drawing palm trees and a sun
on the canvas of their calamity
counting seconds that weigh
eternal,

and they bat their eyes amid prayers
              (and yawns)
   while
the news spit blinding venom
and their faith bleeds empty.

This night of war,
a night such a night.

Las paredes son testigos

Hay paredes que sudan humo
y se estremecen contra el eco
del estruendo ardiente y repentino.

Una tras otra se derrumban,
como si fueran de una casa de papel,
pero al caer se fracturan en mil piezas
como lo hacen los huesos artríticos
al estrellarse contra el concreto,
sus recuerdos y alegrías
quedan sepultadas en el absurdo,
      sin ningún velorio,
bajo las ruinas de su pasado.

Ladrillos sobre ladrillos,
ladrillos sobre armarios sin ropa,
ladrillos sobre retratos rotos,
ladrillos sobre camas destendidas,
ladrillos sobre tazas astilladas,
ladrillos sobre cuerpecitos bañados
      en una capa de tizne.

Ese polvo
que todo cubre

THE WALLS BEAR WITNESS

There are walls that secrete smoke
and tremble against the echo
of a sudden, burning roar.

One after another collapse,
as if they were made of paper,
but upon falling they fracture
       into a thousand pieces
as arthritic bones do
when they crash against
              concrete,
their memories and thrills
lie buried in absurdity,
       without a funeral,
under the ruins of their past.

Bricks upon bricks,
bricks upon clothes-less closets,
bricks upon shattered portraits,
bricks upon unmade beds,
bricks upon chipped cups,
bricks upon little bodies bathed
       in a layer of soot.

That dust
that covers all

a gris, a ajeno,
a desaparecido
también disimula
las escenas macabras
de familias enteras
acurrucados unos sobre otros
hechos pedazos
      al ser machacados
en puré de carne y hueso
por el peso de medio siglo
      o al ser detonados
en pedazos
por el odio adoctrinado.

Ese polvo
que borra sentidos,
que desorienta la vista,
que quema la garganta,
que invade al olfato
a peste a muerto, ese olor
que nunca muere,
que queda impregnado
sobre el cabello y los ojos.

A la distancia una mujer golpea
con sus puños ya enrojecidos
otra pared aún por derrumbarse,
suplicándole a su dios
que se la lleven a ella,

in gray, in foreignness,
in disappearance
also disguises
the macabre scenes
of entire families
huddled together
      crushed into a mash
of flesh and bones
by the weight of half a century
      or detonated
to pieces
by indoctrinated hatred.

That dust
that blurs the senses,
that disorients the sight,
that ignites the throat,
that invades the sense of smell
with the stench of death, that smell
that never dies,
that remains impregnated
on the hair and the eyes.

In the distance, a woman hits
with her already reddened fists
another wall yet to collapse,
begging her God
to take her instead,
      and asking

      y preguntándose
la eterna pregunta sin respuesta,
¿Por qué, Dios, por qué?

Hay paredes que son testigos
      de familias enteras
que se acurrucan por la noche
a esperar la mañana
sin saber que van a dormir
      para siempre.

the eternal question
        without answer,
"Why, God, why?"

There are walls that witness
        entire families
huddling together at night
waiting for the morning
without suspecting,
albeit fearing,
that they are about to sleep
        forever.

Acerca de la autora

Jacqueline Loweree (Ciudad Juárez, México, 1989) es una poeta mexicana, antropóloga y bipolar que radica en la ciudad de Nueva York. Actualmente, ejerce como profesional en el campo filantrópico avanzando iniciativas de evaluación, estrategia e impacto. Lleva más de una década impulsando inversiones millonarias en las áreas de la salud pública (e.g., el VIH), la vivienda y la educación abogando por la justicia social. Durante sus momentos libres, se desempeña como poeta y es autora de tres libros de poesía, *El tiempo de la mariposa* (2019), *Canciones de una urraca* (2022) y *El suicidio del escorpión* (2023). En sus versos afronta problemas de índole personal, como el suicidio, o de tipo social, como los feminicidios en México. Su poesía explora la cotidianidad de su entorno y transmite en ella la verosimilitud de la inestabilidad y fragilidad de una mente bipolar.

About the Author

Jacqueline Loweree (Ciudad Juárez, México, 1989) is a Mexican poet, an anthropologist, and a bipolar woman residing in New York City. Currently, she works as a professional in the field of philanthropy advancing evaluation, strategy, and impact initiatives. For over a decade, she has been part of teams that propel multimillion-dollar investments in areas such as public health (e.g., HIV), housing, and education, advocating for social justice. During her leisure time, she writes and is the author of three books of poetry, *El tiempo de la mariposa* (2019), *Canciones de una urraca* (2022), and *El suicidio del escorpión* (2023). In her verses, she confronts personal issues such as suicide, as well as social issues like the femicides in Mexico. Her poetry explores the everyday life of her surroundings and conveys the verisimilitude of the instability and fragility of a bipolar mind.

ÍNDICE / INDEX

De plomo y pólvora
Poesía de una mente bipolar

Of Lead and Gunpowder
Poetry of a Bipolar Mind

La mezcla del plomo y la pólvora · 13
The combination of lead and gunpowder · 15
Liminal · 20
Liminal · 21
Amores dignos de luto · 24
Loves Worthy of Mourning · 25
El buen café, editado · 30
Good Coffee, Edited · 31
Leche, sin ubre · 32
Milk, Without an Udder · 33
Labios de vidrio · 36
Glass Lips · 37
Peonías y la ciudad · 38
Peonies and the City · 39
Una mesa austera · 40
A Modest Table · 41
Amor de doble filo · 44
Double-edged Love · 45

Sigilo de los grillos ·	48
Prudence of the Crickets ·	49
Naturaleza cíclica de amarte ·	50
Natural Cycle of Loving You ·	51
Cruda de la mujer sobria ·	52
Hangover of the Sober Woman ·	53
De plomo y pólvora ·	58
Of Lead and Gunpowder ·	59
Reflejos ·	60
Reflections ·	61
¿De qué viven los perros olvidados? ·	62
¿What do Forgotten Dogs Live Off? ·	63
Neblina y cuánto querer ·	66
Mist and How Much to Want ·	67
Los bipolares ·	70
Bipolar People ·	71
Jaula de oro ·	78
Golden Cage ·	79
Feminicidios impunes ·	80
Femicides' Impunity ·	81
El lamento de la nómada ·	84
Nomad's Mourning ·	85
Al ocaso ·	86
At the Onset ·	87
Experimentando sonder ·	88
Experimenting Sonder ·	89
El cuervo de tus ojos ·	92
The Raven of Your Eyes ·	93

Venganza olor a chile tostado · 96
Vengeance Smells Like Toasted Chile · 97
Contemplar el precipicio · 98
Contemplating the Precipice · 99
Los niños mueren y a nadie le importa · 100
Children Die no One Cares · 101
Necrofilia infantil · 102
Childhood Necrophilia · 103
Pedir ayuda · 104
Asking for Help · 105
Penitencia del vientre femenino · 106
Penitence of the Female Womb · 107
Soga invernal · 110
Winter Rope · 111
Esta noche de guerra, un niño · 112
This Night of War, a Child · 113
Las paredes son testigos · 114
The Walls Bear Witness · 115
Acerca de la autora · 122
About the Author · 123

WILD MUSEUM
MUSEO SALVAJE
Latin American Poetry Collection
Homage to Olga Orozco (Argentina)

1
La imperfección del deseo
Adrián Cadavid

2
La sal de la locura / *Le Sel de la folie*
Fredy Yezzed

3
El idioma de los parques / *The Language of the Parks*
Marisa Russo

4
Los días de Ellwood
Manuel Adrián López

5
Los dictados del mar
William Velásquez Vásquez

6
Paisaje nihilista
Susan Campos Fonseca

7
La doncella sin manos
Magdalena Camargo Lemieszek

8
Disidencia
Katherine Medina Rondón

9
Danza de cuatro brazos
Silvia Siller

10
Carta de las mujeres de este país /
Letter from the Women of this Country
Fredy Yezzed

11
El año de la necesidad
Juan Carlos Olivas

12
El país de las palabras rotas / The Land of Broken Words
Juan Esteban Londoño

13
Versos vagabundos
Milton Fernández

14
Cerrar una ciudad
Santiago Grijalva

15
El rumor de las cosas
Linda Morales Caballero

16
La canción que me salva / The Song that Saves Me
Sergio Geese

17
El nombre del alba
Juan Suárez

18
Tarde en Manhattan
Karla Coreas

19
Un cuerpo negro / A Black Body
Lubi Prates

20
Sin lengua y otras imposibilidades dramáticas
Ely Rosa Zamora

21
El diario inédito del filósofo vienés Ludwig Wittgenstein /
Le Journal Inédit Du Philosophe Viennois Ludwig Wittgenstein
Fredy Yezzed

22
El rastro de la grulla / The Crane's Trail
Monthia Sancho

23
Un árbol cruza la ciudad / A Tree Crossing The City
Miguel Ángel Zapata

24
Las semillas del Muntú
Ashanti Dinah

25
Paracaidistas de Checoslovaquia
Eduardo Bechara Navratilova

26
Este permanecer en la tierra
Angélica Hoyos Guzmán

27
Tocadiscos
William Velásquez

28
De cómo las aves pronuncian su dalia frente al cardo /
How the Birds Pronounce Their Dahlia Facing the Thistle
Francisco Trejo

29
El escondite de los plagios / The Hideaway of Plagiarism
Luis Alberto Ambroggio

30
Quiero morir en la belleza de un lirio /
I Want to Die of the Beauty of a Lily
Francisco de Asís Fernández

31
La muerte tiene los días contados
Mario Meléndez

32
Sueño del insomnio / Dream of Insomnia
Isaac Goldemberg

33
La tempestad / The tempest
Francisco de Asís Fernández

34
Fiebre
Amarú Vanegas

35
63 poemas de amor a mi Simonetta Vespucci /
63 Love Poems to My Simonetta Vespucci
Francisco de Asís Fernández

36
Es polvo, es sombra, es nada
Mía Gallegos

37
Luminiscencia
Sebastián Miranda Brenes

38
Un animal el viento
William Velásquez

39
Historias del cielo / Heaven Stories
María Rosa Lojo

40
Pájaro mudo
Gustavo Arroyo

41
Conversación con Dylan Thomas
Waldo Leyva

42
Ciudad Gótica
Sean Salas

43
Salvo la sombra
Sofía Castillón

44
Prometeo encadenado / Prometheus Bound
Miguel Falquez Certain

45
Fosario
Carlos Villalobos

46
Theresia
Odeth Osorio Orduña

47
El cielo de la granja de sueños / Heaven's Garden of Dreams
Francisco de Asís Fernández

48
hombre de américa / man of the americas
Gustavo Gac-Artigas

49
Reino de palabras / Kingdom of Words
Gloria Gabuardi

50
Almas que buscan cuerpo
María Palitachi

51
Argolis
Roger Santivañez

52
Como la muerte de una vela
Hector Geager

53
El canto de los pájaros / Birdsong
Francisco de Asís Fernández

54
El jardinero efímero
Pedro López Adorno

55
The Fish o la otra Oda para la Urna Griega
Essaú Landa

56
Palabrero
Jesús Botaro

57
Murmullos del observador
Hector Geager

58
El nuevo gusano saltarín
Isaac Goldemberg

59
Tazón de polvo
Alfredo Trejos

60
Si miento sobre el abismo / If I Lie About the Abyss
Mónica Zepeda

61
Después de la lluvia / *After the Rain*
Yrene Santos

62
De plomo y pólvora. Poesía de una mente bipola /
Of Lead and Gunpowder. Poetry of a Bipolar Mind
Jacqueline Loweree

POETRY
COLLECTIONS

ADJOINING WALL
PARED CONTIGUA
Spaniard Poetry
Homage to María Victoria Atencia (Spain)

BARRACKS
CUARTEL
Poetry Awards
Homage to Clemencia Tariffa (Colombia)

BORDELANDS
LA FRONTERA
Hybrid Poetry
Homage to Gloria Anzaldúa (United States/Mexico)

CROSSING WATERS
CRUZANDO EL AGUA
Poetry in Translation (English to Spanish)
Homage to Sylvia Plath (United States)

DREAM EVE
VÍSPERA DEL SUEÑO
Hispanic American Poetry in USA
Homage to Aida Cartagena Portalatín (Dominican Republic)

FIRE'S JOURNEY
TRÁNSITO DE FUEGO
Central American and Mexican Poetry
Homage to Eunice Odio (Costa Rica)

INTO MY GARDEN
English Poetry
Homage to Emily Dickinson (United States)

I SURVIVE
SOBREVIVO
Social Poetry
Homage to Claribel Alegría (Nicaragua)

LIPS ON FIRE
LABIOS EN LLAMAS
Opera Prima
Homage to Lydia Dávila (Ecuador)

LIVE FIRE
VIVO FUEGO
Essential Ibero American Poetry
Homage to Concha Urquiza (Mexico)

FEVERISH MEMORY
MEMORIA DE LA FIEBRE
Feminist Poetry
Homage to Carilda Oliver Labra (Cuba)

REVERSE KINGDOM
REINO DEL REVÉS
Children's Poetry
Homage to María Elena Walsh (Argentina)

STONE OF MADNESS
PIEDRA DE LA LOCURA
Personal Anthologies
Homage to Julia de Burgos (Argentina)

TWENTY FURROWS
VEINTE SURCOS
Collective Works
Homage to Julia de Burgos (Puerto Rico)

VOICES PROJECT
PROYECTO VOCES
María Farazdel (Palitachi) (Dominican Republic)

WILD MUSEUM
MUSEO SALVAJE
Latin American Poetry
Homage to Olga Orozco (Argentina)

OTHER
COLLECTIONS

Fiction
INCENDIARY
INCENDIARIO
Homage to Beatriz Guido (Argentina)

Children's Fiction
KNITTING THE ROUND
TEJER LA RONDA
Homage to Gabriela Mistral (Chile)

Drama
MOVING
MUDANZA
Homage to Elena Garro (Mexico)

Essay
SOUTH
SUR
Homage to Victoria Ocampo (Argentina)

Non-Fiction/Other Discourses
BREAK-UP
DESARTICULACIONES
Homage to Sylvia Molloy (Argentina)

For those who think like Olga Orozco that *we are hard fragments torn from heaven's reverse, chunks like insoluble rubble turned toward this wall where the flight of reality is inscribed, chilling white bite of banishment* this book was published June of 2024 in the United States of America.

www.ingramcontent.com/pod-product-compliance
Lightning Source LLC
Chambersburg PA
CBHW022148180426
43200CB00028BA/371